★本故事纯属虚构，与真实人物、
团体、事件等一概无关！

NARUTO

ー火影忍者ー

为了梦想……

卷 三

岸本齐史

卡卡西

白

再不斩

达兹纳

前情简介

原本是木叶隐村忍者学校里最令人头痛的学生鸣人，终于通过了卡卡西老师的野外生存演习，与佐助、小樱一起成为了忍者。当上下忍（见习忍者）的鸣人他们，很快就接到了一个重要任务——护送波之国的造桥高手达兹纳回国。不想达兹纳却被邪恶商人卡多盯上了。在快到波之国时，遭到了叛逃忍者——再不斩的袭击！尽管卡卡西凭借写轮眼打败了再不斩，但一个不明身份的少年突然出现，给了再不斩最后一击，使其陷入了假死状态……预料到将有新的战斗的鸣人他们开始了紧急修炼！

NARUTO
－火影忍者－

卷三

为了梦想……

目 录

嘿哟！

大致就是这样吧！

他爬上去了……

只用脚就能走上垂直地……

……

将查克拉聚集到脚底，让身体吸在树干上。

只要查克拉运用得当，就能做到。

等等！这样做真的能变强吗？

这就是问题的所在！

听仔细了！

这样做是为了……

让你们先学会
控制查克拉。

聚集适量……提
取出的查克拉在
必要的地方……

正如我刚才所说，
对于忍术的施展至
关重要。

这对于已非
新手的忍者
都很困难。

精神力量 + 身体能量

『爬树』所需
的查克拉量很
微妙……

而且脚底又最难
聚集查克拉。

只要能学会『控制』，
多难的忍术都能学会！
按理说啦！

呃！这么
说吧……

并非易事。

因为想要维持住经过「控制」的查克拉以适应不同的忍术，

其次是为了锻炼你们的「持续力」，也就是将聚集在脚底的查克拉维持下去的能力……

而忍者在提取查克拉时，基本上都是在不停移动的战斗中。

面对这样的局面，「控制」和「维持」查克拉……更是难上加难。

因此我才想让你们来爬树，以掌握查克拉的运用方法。

不过，光我这么说也不管用……

14

16

25

[主要角色的初期设定稿]

和鸣人一样饱尝
孤独滋味的少年

初期设定的佐助就是这样，和现在的差别不大。

略微有些不一样的地方可能就是他的饰物没了。说起来，我在画人物设定稿时，线条通常都会越画越多，甚至还要加些饰物点缀一下，因而看上去会有些复杂。

特别是对主要角色我干劲更足，于是就画了一堆线条上去……最后才反过来又埋怨自己，"线条这么多，会赶不上出书进度的……"

佐助原来的线条也不少，但到最后只能减少，而他也被设定成了和鸣人形成对比的角色。

对我来说，在所有角色中数佐助的脸和动作最难画了，一不留神就会把他画成小孩身材大人脸……因为在我的漫画中，还从来没有出现过这样斜着眼睛看人的小帅哥呢，所以画起来很困难……

现在的佐助也还是我画得最用心的角色，因而也最喜欢。

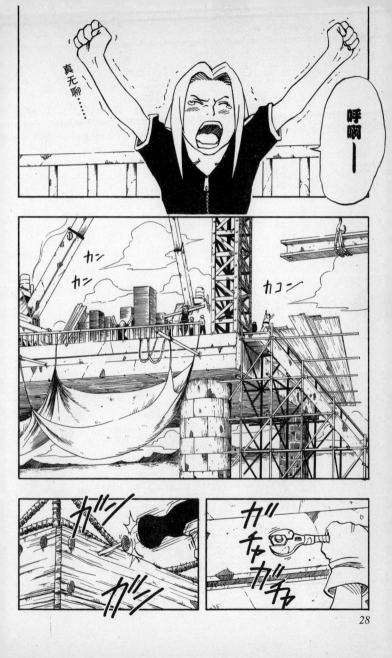

29

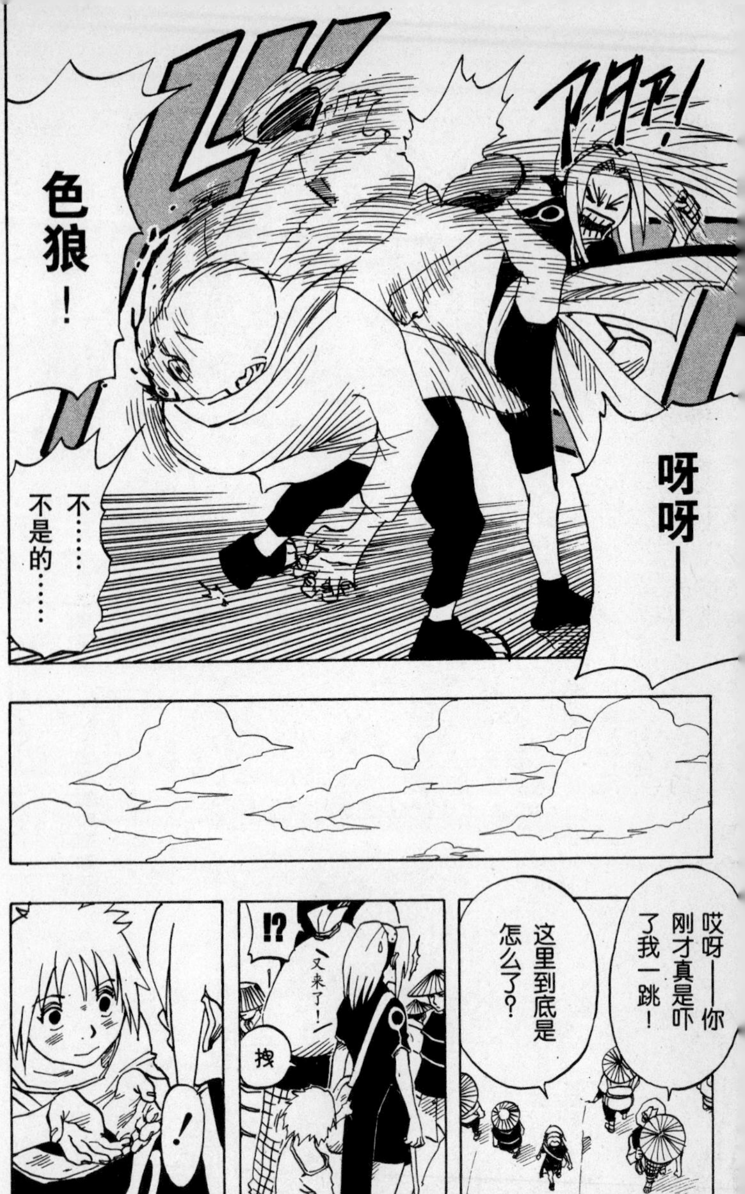
呀呀——
色狼！
不……不是的……
哎呀——你刚才真是吓了我一跳！
这里到底是怎么了？
!?
又来了！
拽
!

不行！不行！不能因为佐助而分心，那样就集中不了精神了！

ブンブン

可恶！

告诉我吧，小樱！真是服了你……

听着！查克拉的运用靠精神力量，因此不能太紧张。精神要放松！脚底始终聚集一定量的查克拉，之后把注意力集中到树上！

集中！集中！很好，就是这感觉！

太帅了，这次肯定能行！

喂——鸣人！

ジ―――ン！

以前……

那是我丈夫。

……

他被称为这座城镇的英雄……

ガタ…

スッ

伊那利！

バタン

伊那利！你去哪儿啊？

バタン

爸爸！不要在伊那利面前提起他，我都跟您说过多少遍了，您怎么总是……

……

伊那利他究竟怎么了？

发生过什么事吗……

……

伊那利和他的继父……

那时的伊那利总是笑呵呵的……

感情特别好，就像一对真正的父子……

44

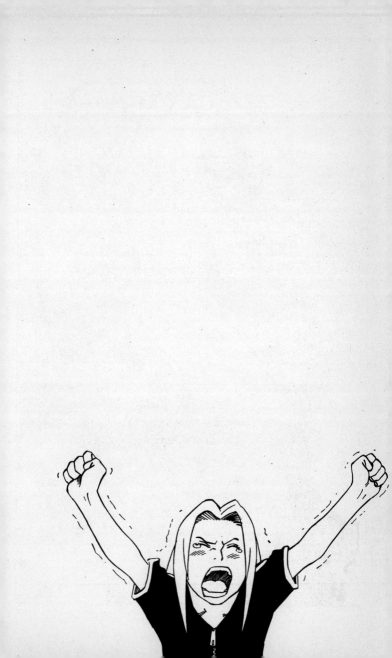

20：
曾经有个英雄……

使岛上的人们以及伊那利永远地失去了『勇气』的……

都是因为那天的……那件事……

那件事?

究竟是怎么回事?

说起这个，还要先从……

那个曾经被视为这个国家英雄的人讲起。

英雄……

……

ズッ

59

什么?

你们都听着!他是个恐怖分子,企图用暴力的手段来与卡多集团作对,

并扰乱这个国家的秩序!为此我才拘捕了他,在这儿公开处决!

呜……

……

我真不希望,再有这种无聊的事发生!

爸爸——

伊那利!

英雄和笨蛋没什么不同！

那根本就不存在！

呜……　呜……

爸爸……

想要修炼的话最好还是等明天，你的查克拉提取得太多了，再动可是会死人的。

鸣人，你干吗……

呜人……

好疼啊！

68

……

嗒！

スッ

你在胡说什么呢！

你究竟是什么人？

呼啊—

鸣人他晚上又没回来啊？

他自打听了你的话后，就天天晚上一个人跑去爬树。

真是个单纯的大傻瓜！

嗯啊—

他这会儿恐怕已经累得快吐血了吧！

鸣人他不会出什么事吧？一个小孩子大半夜地跑出去……

放心啦。

再怎么说他也是个忍者啊。

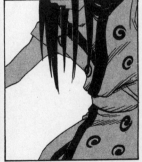

！？

スッ

78

80

旋涡……

鸣人……

196 197 198

我一直都很想知道……

既然我没有如实地申报任务，你们完全可以一走了之，为什么……

总不能见死不救吧。

再说强将手下无弱兵嘛！

这是上一代火影的训示！

199

71

唔，回来啦！

咝嘎！

这是怎么了？这么狼狈！

都跟你说了不要练到走不了路，真是个超级无敌大笨蛋！

都爬到树顶了……

呵呵我们

ドロ学

呼

呼

好！

鸣人、佐助，从明天开始……你们也来一起保护达兹纳先生。

干得不错！

88

看起来他……

想不管你都难哦。

那就麻烦你照看一下呜人吧！

……

我们走了！

路上当心。

他昨天练得太猛了……今天怕是动不了了。

呼 呼

他真的没死……还来得这么快……

卡卡西老师，这不是……

那家伙的雾隐术吗？

你还是那样，带着几个没用的小鬼……他又在抖个不停了……可怜啊……

几日不见啊，卡卡西！

看到了！

唔！竟然能识破我的水分身……

进步不小嘛……

白……看来你遇到对手了。

似乎是这样。

那个戴面具的家伙……

横看竖看都是和再不斩一伙的！还站在一起……

他们现在竟然堂而皇之地站在一起了。

那个家伙就交给我吧！

啊？

居然敢用这么烂的把戏……我最看不起那种装神弄鬼的家伙了。

小樱这家伙……就知道顺着佐助说……真是的……

佐助太帅了！♡

那个少年不简单。

尽管水分身只有本体十分之一的实力，但他……

108

你就是达兹纳的女儿吧？

对不起了，我们要把你带走。

110

呀啊—

别过来！
快跑啊！

那小鬼
是谁？

妈妈！

用不用把他
也带上？

人质一个
就够了。

112

他已经哭够了。

成天哭哭啼啼，把自己弄得像悲剧里的主角似的……

所以他明白什么是真正的坚强……

就像你死去的父亲。

那你就哭去吧，笨蛋！没有用的爱哭鬼！

那些真正重要的东西，就算拼上性命……也要用自己的双手来保护到底！

114

大家……大家都好强啊……

而且还很帅……

呼

你们都那么坚强……

握紧

ピクピク！

我也能……

我也能……
变得坚强吧……

爸爸……

嘻嘻……这么
好的肌肤，真
想砍两刀！

快走吧！

站住！

什么？

！

伊那利！

是刚才的那
个小鬼！

122

啊？

怎么会呢……

……

妖狐……现在的他已不再是村的……而是木叶隐

他是我认同的……优秀学生！

？

……

旋涡鸣人。

124

125

24：速度！

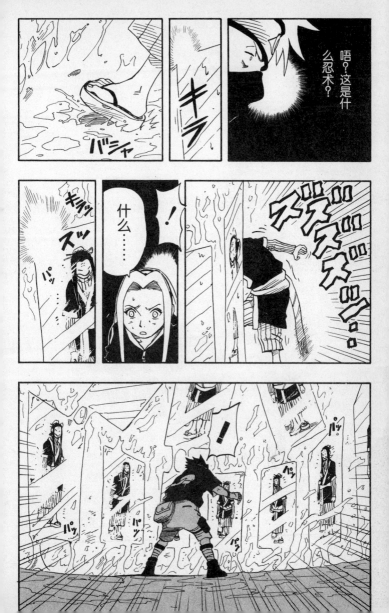

142

144

春野樱

开什么

玩笑

哇呜呜呜

小樱的初期设定稿就是这样。现在回头再看才觉得她一点儿都不可爱！

谁叫我不擅长画女孩子呢，所以始终都无法把她们画得可爱。对此我也很苦恼……

编辑、周遭的人与助手们都一致认为，小樱这个角色从外表到个性——"都不可爱"！（笑）

不过，对于小樱我本人倒是蛮喜欢的！

说起来像"小樱的内心"这样的来自内心的声音，其实每个人都会有，而且她还会单方面地爱上一个人，这让我觉得很真实，所以在我看来这个角色还是挺不错的。

谁说漫画里的女性角色就一定要长得可爱啊！虽然这听起来好像是为自己开脱……但我最擅长的还是画调皮鬼和老头，女孩子对我来说难度太大了……

25：为了梦想……

既然我来了……就没什么问题了!

故事里的主角不都是这样登场的吗?

就把敌人都交给我吧!

还真是……那个白痴!

这么大的动静……怕敌人发现不了啊!

……

原来是那个小鬼……

哼……

废话真大堆……

鸣人——

!?

!?

!?

再不斬先生，让我来对付他……

我想用自己的方式来战斗。

白……你这是干吗？

154

155

157

158

其实要我舍弃所有的情感，变成真正的忍者很难。

‥‥‥‥

我是真的不想杀你们‥‥‥

可也不想被你们所杀‥‥‥

事到如今‥‥‥

我也只有斩断所有情感，成为一个真正的忍者了。

这座桥是联系着每个人梦想的‥‥‥

战场！

161

163

164

26：

封住写轮眼……

写轮眼！

你虽然嘴上那么说，但其实对写轮眼还是很畏惧的，是吧……再不斩？

感谢我吧，还没有谁能让我用两次写轮眼呢……

而且不会再有下次了。

咯咯咯……即便你能赢得了我，也打不过白！

咯咯咯……忍者的奥义不是轻易就可以拿来展示给人看的！

连卡卡西老师都打不过，那个戴面具的小鬼有那么厉害吗？

老师……

我就把自己的战斗术都传授给了他。

在他还很小时，

即便是身处超乎想象的困境，他也会有绝佳的表现。

说来他就是个战斗机器，别说是『心』了，连『生命』这个概念他都可以舍弃。

而且他的忍术也远在我之上！

还有可怕的血继限界！

我真是捡到了一个特别好用的工具。

不像你带的那帮废物……

スポッ…

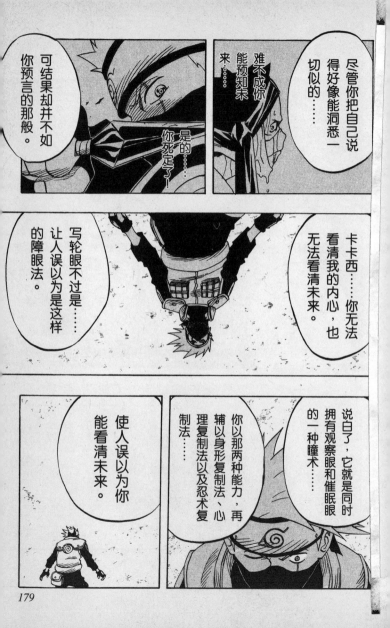

可结果却并不如你预言的那般。

难不成你能预知未来……

尽管你把自己说得好像能洞悉一切似的……

是的……你死定了！

写轮眼不过是……让人误以为是这样的障眼法。

卡卡西……你无法看清我的内心，也无法看清未来。

使人误以为你能看清未来。

说白了，它就是同时拥有观察眼和催眠眼的一种瞳术……

你以那两种能力，再辅以身形复制法、心理复制法以及忍术复制法……

178

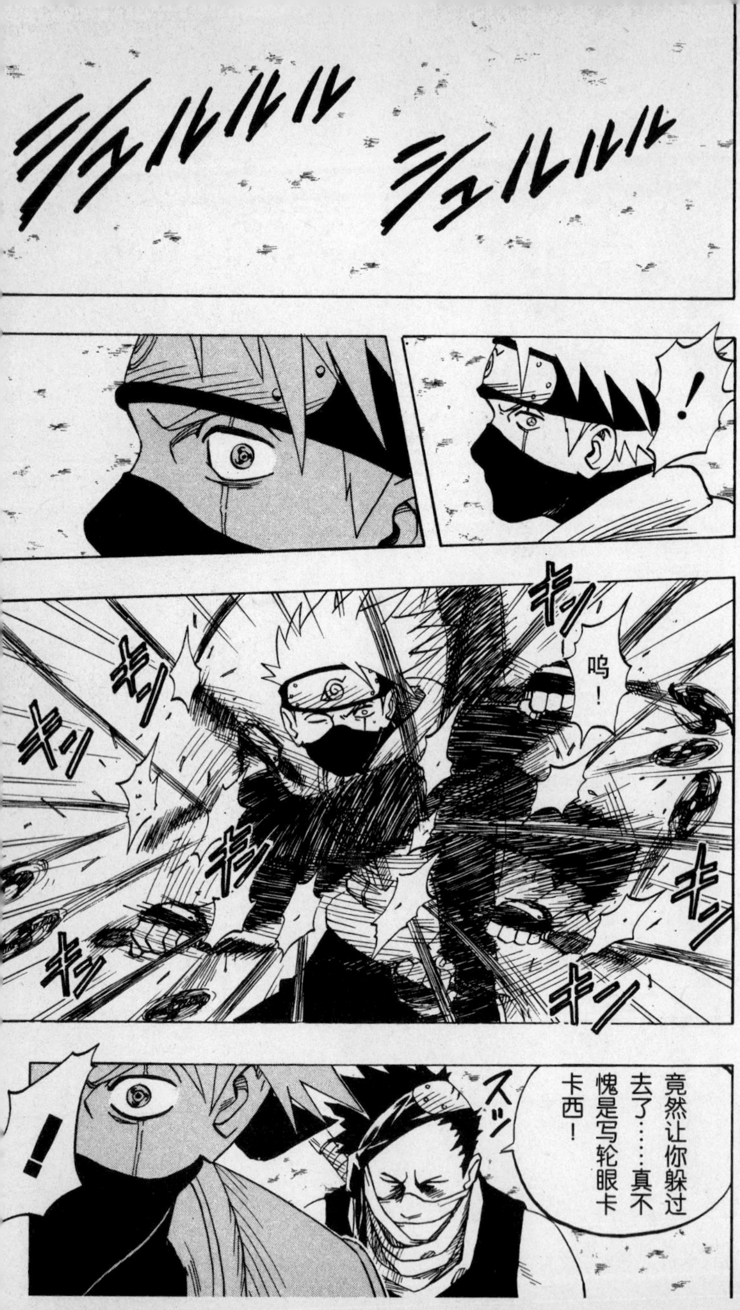
シュルルル
シュルルル
!
キン
キン
呜！
キン
キン
キン
キン
キン
竟然让你躲过去了……真不愧是写轮眼卡卡西！
スッ
!

我可是光靠声音就能锁定目标的无声杀人术的天才！

该死……佐助和鸣人也很危险……

已经很久没有在这么不利的情况下战斗了。

要冷静……好好考虑一下……谁才是他的目标！

是小樱的声音！外面怎么了？

卡卡西老师在干什么呢？

!!

呼

该死！再这么下去就真的危险了！

眼下就只有靠我了！

呀啊

呼啊

グッ

真是不可思议，我的眼睛已经逐渐适应了……

我的确是朝着会形成致命伤的穴位出手的啊……怎么会全都落空了呢……

不单如此，他还能边照顾同伴边战斗，并且还逐渐适应了我的攻击……

那个少年……似乎是看出了什么……

185

真人版的鸣人

27：觉醒……

呜……

他的动作真棒！

我朝着他的要害出手，却都差之毫厘……

是这样……
你也有血继
限界……

你……

难道是……
他的眼睛……

写轮眼！

我的忍术相当耗费查克
拉，用它来维持移动的
速度也是有极限的。

看来，我得速战速
决才行……

他不简单，
虽然还不完全。

尽管只有一
点儿，但我
看到了！

但他居然能让这种
才能在战斗中觉醒！

194

是……

他的名字是宇智波佐助。

……

莫非……

是拥有宇智波一族血继限界的……

天才忍者！

可惜，白和他一样。

白的秘术无人能解，之前还没人能办到。

是那个悲剧一族的后裔……

难怪成长得那么快……

ス…

スゥゥ…

呜……唔……

ピク

佐助！
你……

可恶……你这家
伙老是……碍手
碍脚的……

图书在版编目（CIP）数据

火影忍者. 第 3 卷／（日）岸本齐史编绘；梁晓岩译.
北京：连环画出版社，2009.1（2014重印）
ISBN 978-7-5056-0934-1

Ⅰ. 火… Ⅱ. ①岸… ②梁… Ⅲ. 动画：连环画—作品—
日本—现代 Ⅳ. J238.7

中国版本图书馆 CIP 数据核字 (2008) 第 201055 号

火影忍者 ③

著作权合同登记　图字：01-2008-6179
"NARUTO"
©1999 by Masashi Kishimoto
All rights reserved.
First published in Japan in 1999 by SHUEISHA lnc., Tokyo.
Chinese(Mandarin)translation rights in China (excluding Taiwan, HongKong
and Macau) arranged by SHUEISHA lnc.through Mulan Promotion Co., Ltd.
本作品中文简体字版由株式会社集英社通过风车影视文化发展株式会社
授权中国美术出版总社在中华人民共和国(台湾和香港、澳门特别行政区
除外) 独家出版发行。

绘　　者　[日]岸本齐史
译　　者　梁晓岩
责任编辑　李雪竹
连环画出版社 出版发行
(北京北总布胡同 32 号　　邮编　100735)
北京市通州兴龙印刷厂印刷　　新华书店经销
开本：787×1092　1/32　6.5 印张
2014 年 6 月第 1 版第 10 次印刷
ISBN 978-7-5056-0934-1
印数：71001-73000 册　　定价：9.80 元

版权声明

拼搏的身影在赛场中闪耀

©1999 by Takeshi Konomi/SHUEISHA Inc.

网球王子

THE PRINCE OF TENNIS

许斐 刚

全套42集完美上市

连环画出版社出版

北京中少动漫图书有限公司 发行

地　址：北京市东城区东中街58号美惠大厦D-1304
邮　编：100027
电　话：010-65545423转701／702／703　65543298
传　真：010-65544121

③为了梦想……（完）